Petit traité de gouvernance
à l’usage des despotes éclairés

Collection « L'esprit économique »

fondée par Sophie Boutillier et Dimitri Uzunidis en 1996
dirigée par Sophie Boutillier, Blandine Laperche, Dimitri Uzunidis

Si l'apparence des choses se confondait avec leur réalité, toute réflexion, toute Science, toute recherche serait superflue. La collection « L'esprit économique » soulève le débat, textes et images à l'appui, sur la face cachée économique des faits sociaux : rapports de pouvoir, de production et d'échange, innovations organisationnelles, technologiques et financières, espaces globaux et microéconomiques de valorisation et de profit, pensées critiques et novatrices sur le monde en mouvement...
Ces ouvrages s'adressent aux étudiants, aux enseignants, aux chercheurs en sciences économiques, politiques, sociales, juridiques et de gestion, ainsi qu'aux experts d'entreprise et d'administration des institutions.

La collection est divisée en six séries :

Dans la série *Economie et Innovation* sont publiés des ouvrages d'économie industrielle, financière et du travail et de sociologie économique qui mettent l'accent sur les transformations économiques et sociales suite à l'introduction de nouvelles techniques et méthodes de production. L'innovation se confond avec la nouveauté marchande et touche le cœur même des rapports sociaux et de leurs représentations institutionnelles.

La série *Economie formelle* a pour objectif de promouvoir l'analyse des faits économiques contemporains en s'appuyant sur les approches critiques de l'économie telle qu'elle est enseignée et normalisée mondialement. Elle comprend des livres qui s'interrogent sur les choix des acteurs économiques dans une perspective macroéconomique, historique et prospective.

Dans la série *Le Monde en Question* sont publiés des ouvrages d'économie politique traitant des problèmes internationaux. Les économies nationales, le développement, les espaces élargis, ainsi que l'étude des ressorts fondamentaux de l'économie mondiale sont les sujets de prédilection dans le choix des publications.

La série *Krisis* a été créée pour faciliter la lecture historique des problèmes économiques et sociaux d'aujourd'hui liés aux métamorphoses de l'organisation industrielle et du travail. Elle comprend la réédition d'ouvrages anciens, de compilations de textes autour des mêmes questions et des ouvrages d'histoire de la pensée et des faits économiques.

La série *Clichés* a été créée pour fixer les impressions du monde économique. Les ouvrages contiennent photos et texte pour faire ressortir les caractéristiques d'une situation donnée. Le premier thème directeur est : mémoire et actualité du travail et de l'industrie ; le second : histoire et impacts économiques et sociaux des innovations.

La série *Cours Principaux* comprend des ouvrages simples, fondamentaux et/ou spécialisés qui s'adressent aux étudiants en licence et en master en économie, sociologie, droit, et gestion. Son principe de base est l'application du vieil adage chinois : « le plus long voyage commence par le premier pas ».

Alexandre Manray

Petit traité de gouvernance à l'usage des despotes éclairés

L'Harmattan

5-7, rue de l'École-Polytechnique, 75005 Paris

http://www.editions-harmattan.fr

ISBN : 978-2-336-42633-4
EAN : 9782336426334

Introduction

La gouvernance est centrale, cruciale pour toute organisation.

Elle permet de garantir le bon fonctionnement de l'entreprise, la légitimité de l'organisation, le sens de la responsabilisation.

Elle instaure également un climat de confiance au service d'une gestion et d'une performance les meilleures possibles.

Elle donne la direction et le modèle de création de valeur.

Elle est donc au cœur de la culture de l'entreprise et de son modèle de management.

Mais parler de gouvernance nécessite dès les premières phrases de ce livre d'en apporter une première définition formelle et la plus claire possible.

Pour ce faire appuyons-nous sur celle qu'en donne Pierre-Yves Gomez dans son « *Référentiel pour une gouvernance raisonnable* » :

« Le gouvernement (ou gouvernance) de l'entreprise est un ensemble de dispositions légales, réglementaires ou pratiques qui délimite l'étendue du pouvoir et des responsabilités de ceux qui sont chargés d'orienter durablement l'entreprise.

Orienter l'entreprise signifie prendre et contrôler les décisions (stratégiques) qui ont un effet déterminant sur sa pérennité et donc sa performance durable ».[1]

Notons que cette définition peut s'appliquer à une sphère plus large que cette forme de communauté économique que constitue une entreprise.

Car une entreprise est bien tout entière tournée vers un projet économique, c'est ce qui la différencie d'autres institutions ou communautés humaines.

« L'objet social de l'entreprise est de réaliser une production et de la délivrer sur le marché ».[2]

Ainsi une entreprise est orientée vers la réalisation d'un projet à vocation productif.

Pour autant, il ne faudrait pas croire naïvement qu'une entreprise est gérée, pilotée rationnellement autour de ce projet productif.

Influences, ambitions et intérêts créent une combinatoire de jeux de pouvoir qui interfère dans la trajectoire que l'entreprise pourrait, devrait suivre.

C'est en cela qu'elle en redevient proche d'autres formes de communautés que nous connaissons bien.

Car une entreprise, comme n'importe quelle organisation n'en reste pas moins une communauté

---

[1] Gomez Pierre-Yves, *Référentiel pour une gouvernance raisonnable*, IFGE, Paris, 2015, P 16

[2] Gomez Pierre-Yves, *La Gouvernance d'Entreprise*, Que sais-je ?, Paris, 2018, p 38

humaine à l'intersection de phénomènes d'intérêts, de forces et de tensions culturelles.

Ces pouvoirs sont le plus souvent structurés autour de trois sources : *le pouvoir souverain, le pouvoir exécutif et le pouvoir de surveillance.*

Le pouvoir souverain a pour fonction d'assurer la continuité de l'entreprise et sa performance durable, en confirmant les orientations et en légitimant ceux qui les prennent.

Le pouvoir exécutif, est celui justement qui définit la stratégie et la décline opérationnellement au sein de l'organisation.

Ce pouvoir est évidemment incarné par le dirigeant entouré d'une équipe partageant son autorité légitime, réunie en Comité Exécutif (COMEX) ou Comité de Direction (CODIR).

Le pouvoir de surveillance, quant à lui a pour mission de s'assurer que le pouvoir exécutif agit bien en accord avec l'intérêt global de l'entreprise pour en assurer la pérennité et la performance.[3]

Même si ce n'est pas l'objet de ce court essai, lorsque nous parlons de gouvernance, nous ne pouvons faire l'impasse sur les deux modèles institutionnels actuels qui coexistent.

Le premier est dit « dualiste ». La direction de l'entreprise est assurée par un Directoire composé à minima

---

[3] Ibid, p 35

de trois membres et nommé par le Conseil de Surveillance, second organe de ce modèle.

Le Conseil de Surveillance doit s'appréhender comme un organe supérieur qui n'a pas vocation à dicter la gestion de l'entreprise mais auquel le Directoire doit rendre des comptes sur son action régulièrement.

Nous sommes dans un modèle de séparation des pouvoirs.

Le second modèle est dit « moniste ». Le dirigeant, appelé Directeur Général est nommé par le Conseil d'Administration au sein duquel il siège.

Le Conseil d'Administration, si nous nous reportons au premier modèle, occupe le double rôle d'organe de direction et d'organe de surveillance.

D'ailleurs rien n'empêche le Directeur Général d'être nommé Président du Conseil d'Administration par ce dernier et devenir par la même, Président Directeur Général (PDG).

Dans ce cas, le PDG exerce à lui seul le double pouvoir.

Dans ces 2 systèmes de gouvernance, la direction opérationnelle de l'entreprise est exercée par un Comité Exécutif (COMEX) secondé par un Comité de Direction (CODIR).[4]

---

[4] Ibid, p 29-30

Ainsi penser gouvernance, c'est penser lois, règles et pratiques qui définissent et légitiment le pouvoir de ceux qui l'exercent tant dans l'orientation stratégique et le développement de l'entreprise que dans la gestion de l'ensemble des parties prenantes qui la composent.

La gouvernance définit donc des normes et un cadre culturel.

Et chaque mode de gouvernance aura ses normes et son cadre propres qui impulseront à leur tour un modèle de management singulier.

Des normes socialement et historiquement différenciées, des cadres culturels définissant des principes de comportement propres à un groupe social donné.

Et c'est justement ces différences-là, ces choix de modèles, ces modes de fonctionnement et leurs impacts sur la manière d'envisager le rôle de chacun au sein d'une organisation, que nous allons explorer tout au long de ce texte.

En somme, c'est une fantaisie intellectuelle qui vous est proposée ici, un voyage au sein des grandes oppositions qui structurent la manière d'envisager et de gérer une organisation, une communauté, un collectif, et même une nation, dans ces multiples fonctions et ses différentes composantes.

Alors pourquoi ce titre ?

Pourquoi cette convocation de la figure du *despote éclairé* ?

Tout d'abord que mettons-nous derrière dans ce terme ?

Ce que l'Histoire et la science du Politique y ont toujours mis depuis que le concept existe : *un souverain autoritaire se conduisant en maître absolu mais qui est disposé à écouter et à apprendre des « intellectuels », et qui applique des réformes inspirées de leurs idées.*[5]

Ainsi nous avons bien la base de despotisme : *forme de gouvernance où tous les pouvoirs sont rassemblés dans les mains d'un seul homme, un pouvoir absolu, arbitraire, sans contrôle.*[6]

Et l'ouverture par le caractère « éclairé » de ce mode d'expression du pouvoir : *à la force déterminée s'ajoute une volonté progressiste, les décisions sont également guidées par la raison et se conçoivent comme bénéfiques à l'ensemble de l'organisation ou de la communauté donnée. Progressisme et modernité irriguent l'ensemble des composantes de l'organisation, de l'économie à l'industrie en passant par la structuration même du collectif.*[7]

Ainsi dans le cadre de cette exploration, nous allons non seulement proposer un questionnement sur les différents modèles de gouvernance et les logiques de sens qui les structurent.

Mais nous allons également y sonder les doses d'autoritarisme et d'ouverture qui les composent.

---

[5] Larousse.fr

[6] Lerobert.com

[7] Muchembled Robert (sous la coordination de), *Le XVIIIème siècle 1715-1815*, Bréal Editions, Rosny, 1994, p 162

Puis, comment les évolutions sociales, économiques et culturelles fournissent ou non une caisse de résonnance et un espace plus important à ces deux dimensions.

En bref, dans quel mode d'expression du pouvoir, le monde d'aujourd'hui et surtout celui de demain nous projettent-ils ?

N'attendons pas plus longtemps, amorçons notre voyage.

1. Culture et Gouvernance

Toute organisation, en tant que collectivité humaine, possède et produit nécessairement une culture.

Cette culture, patrimoine identitaire de référence, se constitue de normes et de valeurs. Elle détermine une manière de penser et d'appréhender le monde du travail.

La culture d'une organisation « correspond à des valeurs fondamentales que l'on estime être en relation avec son histoire, ses fondateurs ou les personnalités marquantes qu'elle a connues et ses métiers ».[1]

Le concept de « culture d'entreprise », tel que nous le concevons ici, doit être appréhendé comme une mise en évidence de la culture organisationnelle à travers un ensemble de valeurs partagées.

Il permet de « clarifier les logiques sous-jacentes au fonctionnement d'un groupe humain »[2], mais il permet surtout de mobiliser tous les acteurs de la structure autour d'une image à laquelle chacun peut, et même doit adhérer.

Une culture forte favorise l'adhésion de chacun à des valeurs supérieures, elle mobilise autour de l'organisation et de ses enjeux.

Créer une culture commune, c'est créer un langage, des habitudes, une capacité à travailler collectivement.

---

[1] Bartoli Annie, *Communication et Organisation : pour une politique générale cohérente*, Editions D'Organisation, Paris, 1991, p 110

[2] Thévenet Maurice, *La culture d'entreprise*, PUG, QSJ ?, Paris, 1993, p 13

La communication et le management sont au cœur de cette mécanique.

La culture d'entreprise a donc un pouvoir cohésif.

Le but commun facilite la cohésion, « union intime des parties d'un ensemble ».[2]

Ainsi afficher ses valeurs, facilite l'identification des salariés aux enjeux de l'organisation.

Néanmoins une culture forte sous-entend l'adhésion à « l'éthique de l'entreprise, à son projet »[3] et l'acceptation de « ses mythes et ses imaginaires »[4].

La culture peut également devenir un cadre fixe dictant les idées et la façon de penser.

Ainsi elle peut en arriver à fonctionner comme une grille cognitive et réduire les différences, les initiatives perçues comme des déviances du système.

Une culture d'entreprise forte se trouve donc bien souvent devant ce paradoxe : nourrir une certaine cohésion mais en même temps, délimiter un champ de références qui module la façon d'être de chacun dans l'organisation.[6]

---

[2] Dictionnaire Hachette de la langue française, Hachette 1980, p 303

[3] Jardel Jean-Pierre, Loridon Christian, *Les rites dans l'entreprise, une nouvelle approche du temps.*, Editions d'Organisation, Paris, 2000, p 235

[4] Ibid

[6] Ibid, p 96-101 (Critiques de la culture d'entreprise)

« Une entreprise est donc une microsociété, cela demande un certain nombre de règles. Plus une entreprise a une culture forte et plus cela est dur pour les personnes n'étant pas de ce moule-là ».[8]

Ainsi la culture, liée dans un mouvement intime de va et vient avec la gouvernance, ses normes et son cadre, semble nous renvoyer à une notion centrale, à savoir la manière de concevoir une totalité, un groupement humain.[9]

La manière dont on peut penser le rôle et la latitude de l'individu au sein d'un collectif.

Ainsi les concepts de gouvernance et de culture d'entreprise, évoluent bien entre principes de cohésion organisationnelle et installation d'un système de pensée.

Le premier donnant son identité au second.

---

[8] Témoignages en entreprise
[9] Vigezzi Michel, *L'entreprise*, Dominos Flammarion, Paris, 1997

2. Logique de sens

Afin de pouvoir réfléchir à la manière dont on peut concevoir les différents modèles de gouvernance existants.

A la manière dont on peut faire émerger et analyser les grandes oppositions qui structurent la façon d'envisager et de gérer une organisation, une communauté, un collectif.

Nous vous proposons un détour en terre sémiotique et plus précisément autour d'un outil de modélisation fantastique issu de cette discipline et qui se nomme « le carré sémiotique ».[10]

Mais de quoi parle-t-on au juste ?

Inspiré du modèle mathématique dit 4-groupe de Klein et élaboré par A.J. Greimas, le carré sémiotique s'appuie sur les acquis de la linguistique structurale et sur les recherches anthropologiques de Claude Lévi-Strauss.

Joseph Courtés décrit le carré sémiotique comme une présentation visuelle de l'articulation d'une catégorie sémantique « telle qu'elle peut être dégagée, par exemple d'un univers de discours donné, catégorie qui en est alors comme le cœur, le niveau le plus profond ».[11]

Ainsi le carré sémiotique représente la structure élémentaire de la signification, définie comme une relation première d'opposition entre deux termes.

---

[10] Courtés Joseph, Greimas Algirdas Julien, *Sémiotique, dictionnaire raisonnée de la théorie du langage*, Hachette Supérieur, Paris, 1993

[11] Courtés Joseph, *Analyse sémiotique du discours*, Hachette Supérieur, Paris, 1991, p 152

Cette première relation d'opposition dite de contrariété génère deux autres types de confrontation dites de contradiction et de complémentarité.

Mais illustrons plutôt cette mécanique pour en faciliter la compréhension.

Prenons à titre d'exemple une opposition sémantique basique : Bien vs Mal.

« Le sémioticien considérera cette relation entre bien et mal comme un « axe sémantique » où chacune des deux positions présuppose l'autre. Il parlera de catégorie, en l'occurrence de la catégorie du jugement ».[12]

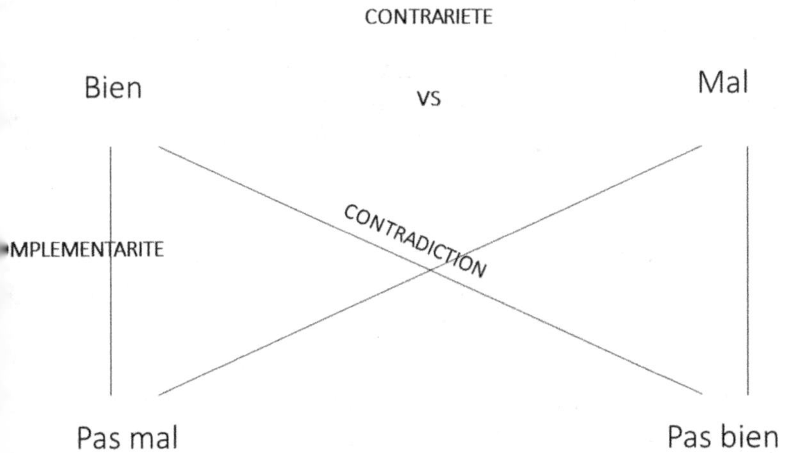

[12] Floch Jean-Marie, *Sémiotique, marketing et communication : sous les signes, les stratégies*, PUF, Paris, 1990, p 27

La relation de contrariété, à la base de l'opposition sémantique, s'affirme sur une catégorie donnée dans une relation d'opposition, « Bien » s'opposant à « Mal ».

A.J. Greimas nous explique que les deux termes d'une opposition sémantique peuvent être dits contraires lorsque la présence de l'un présuppose celle de l'autre (ex. Nature vs Culture, Riche vs Pauvre, Continu vs Discontinu, …).[13]

La relation de contradiction s'établit par voie de négation des deux principaux termes.

De sorte que la contradiction de « Bien » est « Pas bien » et celle de « Mal » est « Pas mal ».

Enfin, dernier type de confrontation au sein d'un univers sémantique donné, la relation complémentarité présuppose une implication entre les termes, comme une forme atténuée de l'autre[14], liée par une opération d'assertion soit « Bien » et « Pas mal » ou « Mal » et « Pas bien ».

A titre d'exemple, ne dit-on pas de quelque chose ou même de quelqu'un qu'il est « Pas mal » pour signifier « Plutôt bien » sans dire pour autant directement qu'il est précisément « Bien » !

« Pas mal » se trouve être une version atténuée de « Bien » tout en étant en affinité, dans une relation de complémentarité avec celle-ci.

---

[13] Courtés Joseph, *Op Cit*, 1991, p 153

[14] Pasquier Martial, *Marketing et sémiotique*, Fribourg, Editions Universitaires Fribourg Suisse, 1999, p 75

Ces deux termes se situent ainsi dans une même « deixis », dira-t-on en langage savant.

Ainsi le carré sémiotique peut être utilisé pour l'analyse de tout système signifiant, à la fois sous un modèle statique ou dynamique.

Statique lorsqu'il met en exergue des positions différentielles. Dynamique lorsqu'il propose un parcours, de « Bien » à « Pas mal » par exemple.

Ceci faisant dire à Jean-Marie Floch :

« D'aucuns trouveront cette structure par trop élémentaire, simplificatrice ou réductrice. Le sémioticien répondra que le carré est, en l'état actuel des choses, un modèle simple et économique (deux opérations, trois relations), et qu'il constitue un réel progrès dans la représentation de la mise en branle de la signification, des conditions minimales de sa production ou de sa saisie ».[15]

Et de rajouter :

« Mais surtout le carré présente le grand avantage d'être méthodologiquement contraignant – ce qui pour certains esprits, n'est pas pardonnable ! En le maniant, on s'astreint à devoir comparer ce qui est comparable, isotope, c'est-à-dire de même niveau ».[16]

---

15 Floch Jean-Marie, *Op. Cit.,* Paris, 1990, p 29
16 *Ibid*

Les présentations étant faites, utilisons notre carré pour mieux comprendre les grandes logiques de sens qui structurent les modes de gouvernance des organisations.

3. Modèles de gouvernance

Afin d'envisager les différentes conceptions que les entreprises peuvent avoir de leur propre gouvernance, il nous paraît intéressant de mettre au centre des considérations, la manière d'envisager la nature de ce sujet collectif qu'est une entreprise.

Cette nature peut se définir à travers une opposition structurante de la notion d'identité de toutes formes d'organisation.

Cette opposition met en regard deux manières d'envisager la totalité, *quand l'individualité fait face au collectif.*[17]

Ce que nous nommons pour le moment « *Individualité* » consacre la réunion d'individus distincts au sein d'une totalité qui reconnaît chacune de ses parties.

La totalité envisagée manifeste un lien entre chacune des parties qui la composent, sans en altérer l'individualité.

Nous nous inscrivons ici dans la logique du *chacun au service de tous*.

Il s'agit d'un style social distinctif où les individus sont reconnus pour leurs différences et s'unissent au sein d'un ensemble.

---

[17] Bertrand Denis, « *Confiance politique et fiducie* », *Métiers de la Sémiotique*, PULIM, Limoges, 1999, p 46-47

A l'opposé, le « *Collectif* » envisage la totalité comme un bloc absorbant les individus et les niant comme réalités indépendantes.

Ainsi cette seconde conception se rattache à un style social intégrateur où la totalité est première.

Les traits individuels n'existent pas.

La totalité devient un bloc indécomposable où l'individu n'a pas de réalité propre.

C'est une logique du *chacun intégré dans le tout* qui rentre en collision avec celle du *tous* décrite plus haut.

La totalité unitaire prend le pas sur la totalité partitive.[18]

La première conception basée sur l'individualité et sa libre expression dans un mouvement au service de l'entreprise, nous allons la nommer, « *la Gouvernance entrepreneuriale* ».

A cette « *Gouvernance entrepreneuriale* », va s'opposer une « *Gouvernance centralisatrice* » où chaque individu inscrit son action dans une valeur supérieure d'appartenance commune et insécable.

Cette première opposition, en relation de contrariété permet le déploiement de deux autres postures de sens, comme nous l'a appris *le carré sémiotique* lors du chapitre précédent.

---

[18] Monnerie Sylvain, « *Approche sémiotique de la pensée en stratégie d'entreprise* », *Colloque Sémiotique et Stratégie*, Université de Limoges, 2005

La négation de l'individu se traduit à travers une vision radicalisée de l'unité et un très fort niveau de contrôle, nous allons nommer cette conception « *la Gouvernance néo-féodale* ».

Enfin, dernière logique de sens, la négation du collectif ouvre la voie de la dissolution de l'unité de la totalité.

La disparité devient très forte et la cohésion d'ensemble est malmenée.

Cette conception de la gouvernance met l'individu, sa capacité à générer de la valeur et à rejoindre ses objectifs, au centre de la performance organisationnelle.

Nous allons appeler cette approche, « *la Gouvernance néo-libérale* ».

Projetons dès à présent notre univers sémantique, nos relations de contrariété, de contradiction et de complémentarité.

Ce carré sémiotique va nous permettre de proposer et de structurer les quatre grands points de vue qui animent la pensée en matière de gouvernance d'entreprise mais plus largement en matière de gouvernance d'une communauté humaine.

Il dessine les frontières paradigmatiques des quatre grandes conceptions qui posent un regard particulier sur une firme ou encore sur une nation.

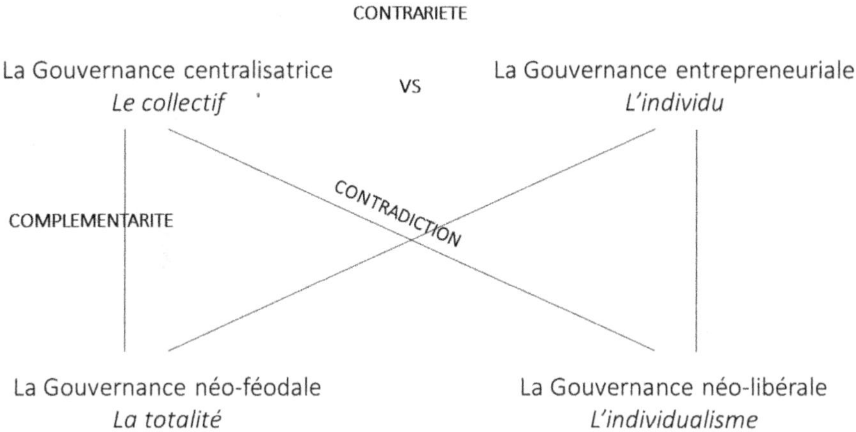

Ces quatre grandes conceptions sont en fait quatre grandes idéologies qui valorisent chacune une position au détriment des autres et ce de manière polémique.

Ce qui signifie en sémiotique, une organisation narrative de l'activité humaine conçue sous forme de confrontations.

Tout un programme !

Progressons.

4. La Gouvernance centralisatrice

Nous avons mis en évidence, dans le chapitre précédent, quatre grandes logiques de sens à même de recouvrir l'ensemble des macros points de vue ou idéologies sur la gouvernance d'entreprise.

Le premier mode de gouvernance dont nous allons décrire les contours, nous l'avons nommé « *la Gouvernance centralisatrice* ».

Il se rattache, comme nous l'avons vu, à un style social où la totalité est première, avant l'individu.

La totalité s'envisage ici comme un bloc insécable primant sur chacun.

Dans ce type de gouvernance, l'entreprise est fortement hiérarchisée, la direction générale est seule maîtresse des choix stratégiques qui sont effectués.

L'individualité n'a aucune influence directe ou indirecte dans l'élaboration de la stratégie.

L'entreprise est envisagée comme un système où le pouvoir est très concentré.

Les dirigeants et managers qui se partagent ce pouvoir sont peu nombreux.

Ces derniers ont pour fonction de finaliser, d'organiser, d'animer des systèmes de gestion appropriés.

Leurs compétences consistent à avoir une vision, à concevoir, à planifier, à programmer et à piloter les trajectoires de l'entreprise sur la durée.

La stratégie est globalement envisagée comme une position à construire ou à modifier, des manœuvres à concevoir et à opérer et des décisions majeures à prendre.

La stratégie résulte d'un travail de conception plutôt que d'un processus d'apprentissage.

Il s'agit d'analyser, en comité restreint, des problèmes au regard de modèles, de démarches afin de rationaliser la détermination des choix.

Les démarches gradualistes, émergentes ou encore incrémentalistes sont écartées.

La formulation ne doit pas être modifiée, adaptée ou étayée durant la mise en œuvre.

En termes d'organisation, nous retrouvons dans ce mode de gouvernance, les méthodes inspirées de management du XXème siècle marquées par une forte hiérarchisation et une division « scientifique » du travail.

Dans ce modèle, chaque collaborateur se retrouve focalisé sur une tâche particulière tout en s'inscrivant dans un processus productif collectif.

Très souvent, les pouvoirs ne sont que très peu délégués ou alors simplement sur le périmètre de la tâche que le collaborateur doit effectuer mais jamais au-delà.

La culture du silo domine.

Le top management donne la direction et celle-ci ne peut être remise en cause.

La verticale du pouvoir est très marquée.

En termes de gouvernance d'Etat, nous associerons ce modèle à la Chine.

Cette proposition peut être fortement critiquable et d'aucuns pourraient nous faire remarquer que sans l'avoir encore décrit, la Chine pourrait se rapprocher sans doute du modèle plus « radicalisé » que nous allons décortiquer plus tard sous le nom de « *Gouvernance néo-féodale* ».

Ils n'auraient pas tout à fait tort car ce dernier se situe en relation de complémentarité avec celui que nous associons à la Chine.

Pour le dire plus simplement, il existe des notions de similarité, de familiarité et bien souvent de partenariat entre les pays s'inscrivant dans cette « deixis » ou famille de gouvernance.

L'Organisation de Coopération de Shanghai (OCS) en est, à ce titre, une parfaite illustration.

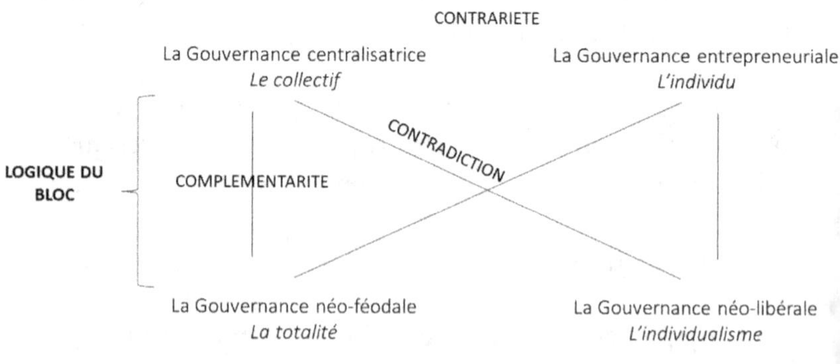

Pour autant, nous voyons dans la Chine un modèle de « *Gouvernance centralisatrice* » et ce, pour plusieurs raisons.

Le Parti communiste Chinois, à la tête du pays, aime à chanter les vertus d'un gouvernement autoritaire « stable et harmonieux », ayant réussi ce tour de force d'effectuer un amalgame ressemblant plus à un grand écart, entre idéologie politique communiste et économie capitaliste.

Ainsi, dans ce mode de gouvernance, la séparation des pouvoirs n'est pas vraiment pratiquée, tout comme l'indépendance de la justice.

L'état de droit et la démocratie ne sont pas recherchés, il suffit pour s'en convaincre d'écouter le point de vue des Hongkongais ou des Taïwanais ! [19]

D'ailleurs ce type de gouvernance peut très bien s'arroger le droit de maltraiter les individus qui composent le pays, tant ils n'ont pas d'importance en tant que tels aux yeux du régime par rapport au destin d'une nation qui ne forme qu'un et engloutit les particularismes.

Pour autant, en quelques dizaines d'années, la Chine est devenue une superpuissance « au sens donné à cette expression depuis son apparition dans le vocabulaire au sortir de la Seconde Guerre mondiale, à savoir un Etat possédant une capacité de projection mondiale et portant un projet de société pouvant servir de modèle au monde ».[20]

---

[19] Heisbourg François, *Le temps des prédateurs*, Odile Jacod, Paris, 2020, p 117

[20] Ibid, p 74-75

En tant que superpuissance, la Chine est en capacité aujourd'hui de rivaliser avec les plus grandes puissances mondiales, les Etats-Unis en premier lieu.

Les progrès des chinois se sont réalisés rapidement dans plusieurs domaines de pointe techniques et économiques.

Ainsi que ce soit en génomique, en IA ou encore en matière de technologies vertes (énergies non-carbonées), la Chine se déploie à vitesse grand V.

Que dire des BATX (Baidu, Alibaba, Tencent, Xiaomi), les GAFAM[21] chinoises, et autres acteurs digitaux, réseaux sociaux ou plateformes.

La Chine a su structurer et déployer son modèle numérique avec un avantage stratégique non nul, dans une relation d'asymétrie relationnelle avec l'Occident.

Alors que la Chine peut exporter ses géants du digital dans les autres pays du monde. Les Facebook, Twitter ou autres Google ne peuvent opérer librement en Chine.

Ainsi cette asymétrie toute chinoise, nous propose un web fermé au reste du monde et notamment à l'Occident tandis que ce dernier offre un web totalement ouvert à la Chine !

Autre avantage concurrentiel important résultant de ce mode de gouvernance, l'exploitation de la data s'effectue en Chine avec beaucoup plus de confort qu'en Occident.

---

[21] GAFAM, acronyme désignant les entreprises suivantes : Google, Amazon, Facebook, Apple, Microsoft

En premier lieu car les données y sont nombreuses, celles d'une population importante et hyper-connectée auxquelles s'ajoutent celles du reste du monde.

En second lieu car celles-ci peuvent être exploitées sans règles, ni véritables lois sur la privacy telle RGPD [22] en Europe.

Le respect de l'individu n'a pas sa place face à l'intérêt de l'Etat.

Ainsi, la gouvernance autoritaire déployée dans le monde physique se retrouve logiquement dans le monde virtuel.

Avec une population largement isolée de l'Internet mondial et largement surveillée par le parti unique sur les réseaux sociaux, se met en place progressivement mais sûrement le système du *crédit social.*

Celui-ci finalement pourrait devenir l'outil absolu d'une « *gouvernance centralisatrice* » mettant le collectif au-dessus de l'individu.

En effet, le *crédit social* constitue un système de récompenses et de punitions en fonction du comportement des individus.

Ce système permet d'ajuster le comportement de chaque personne à la pensée dominante, de niveler les disparités de la sphère sociale, le tout au profit d'une adhésion renforcée à une idéologie normée.

[22] RGPD : Règlement Général sur la Protection des Données

Finalement le *crédit social* pourrait être un formidable levier, peut-être le point d'aboutissement, pour aller encore plus loin dans la solidification du bloc, l'absorption des individus, leur négation comme réalités indépendantes.[23]

Ainsi, ici, au milieu de notre « *Gouvernance centralisatrice* », notre dialectique autoritarisme / ouverture, reste plus marquée par le contrôle que par la volonté réformatrice.

Pour autant cette gouvernance peut parfois au gré de ces leaders faire un pas vers un respect plus formel du droit et s'éloigner de la concentration excessive des pouvoirs.

Mais toutes les avancées possibles, allant dans le sens de la modernisation de l'organisation du collectif, restent extrêmement fragiles et peuvent, à tout moment, dans un mouvement de changement, se voir anéantir.

[23] Bertrand Denis, *Op Cit*, PULIM, Limoges, 1999, p 47

5. La Gouvernance entrepreneuriale

Le deuxième mode de gouvernance appelé « *Gouvernance entrepreneuriale* » consacre, comme nous l'avons déjà vu la réunion d'individus distincts au sein d'une totalité qui reconnaît l'autonomie de chacune de ses parties.

La totalité telle qu'elle est pensée, manifeste un lien entre chacune des parties qui la composent, sans en altérer l'individualité.

Dans ce type de gouvernance, l'entreprise est envisagée avec une forte dose d'autonomie pour les acteurs qui la constituent.

Autonomie dans leur capacité à se mouvoir au sein d'un environnement donné.

Elle est également un espace de négociation dans l'élaboration des orientations fondamentales.

Elle s'appuie principalement donc sur l'autonomie, la négociation, la notion de perspective et la logique de l'émergence.

L'entreprise, son environnement et sa stratégie ne peuvent être saisis et compris en dehors des actions et de l'impact des acteurs qui la composent.

Elle déploie ainsi un modèle permettant l'initiative individuelle.

La hiérarchie et les règles sont pensées afin de favoriser cette prise d'initiative.

La stratégie doit s'envisager comme un processus organisationnel, initié et vécu par les membres de l'organisation.

Il s'agit de comprendre et de saisir l'influence des individus et de leurs interactions dans les choix et les actions stratégiques.

La stratégie devient ici un phénomène social, un processus partagé, une logique d'apprentissage.
Elle est la résultante d'une série d'actions et de décisions prise par de multiples acteurs au sein de l'organisation.

Dans cette approche, chaque individu possède l'autonomie nécessaire à l'expression de sa créativité et de ses compétences dans la mesure où celles-ci s'inscrivent dans un projet collectif.

Généralement, dans ce type de gouvernance, le pouvoir est finalement distillé au sein de l'entreprise et se retrouve exercé par des acteurs multiples, « configuration qui nécessite des négociations aux termes desquelles il est possible de trouver des consensus pour une décision ».[24]

Ce principe d'autonomisation de chacun au service du collectif permet à l'entreprise de se constituer un portefeuille de ressources et de compétences.

Ce portefeuille, réunion des savoir-faire de chacun, se présente comme un faisceau de capacités permettant à

---

[24] Gomez Pierre-Yves, *Op Cit*, Que sais-je ?, Paris, 2018, p 38

l'entreprise de proposer des produits ou services innovants et attractifs sur leurs marchés.[25]

Il conduit les dirigeants à considérer leur firme non comme une collection de produits ou un outil de production mais comme un ensemble de ressources et de capacités pouvant faire l'objet de combinatoires efficaces et spécifiques.[26]

La gouvernance ne repose plus sur des systèmes, règles et procédures définis à l'avance.

Elle laisse la place à un processus d'actualisation permanent, une réduction de la formalisation et des systèmes planificateurs, une réappropriation pour chaque entreprise de sa singularité.

Comme disait Einstein : « Il est important d'encourager l'individualité, car seul l'individu peut produire de nouvelles idées ».[27]

En terme de gouvernance d'état, nous associerons volontiers ce modèle à l'Europe même si le « *démos* » européen n'a pas encore pleinement opéré sa construction identitaire.

Avec un PIB proche de celui des Etats-Unis et supérieur à celui de la Chine, L'Europe de la CECA à l'UE s'est

---

[25] Monnerie Sylvain, *Stratégie, Mettre la pensée stratégique au service du développement de l'entreprise*, Maxima, Paris, 2018

[26] Mintzberg Henry, Ahlstrand Bruce, Lampel Joseph, *Safari en pays stratégie: l'exploration des grands courants de la pensée stratégique*, Village Mondial, Paris, 1999, p 24-25

[27] Schilling Melissa, *Les visionnaires*, Reboot, New York, 2018, p 64

construite une identité progressivement, par étapes mais aussi par à-coups.

Par étapes d'abord avec de nombreux traités qui ont structuré l'Europe que l'on connaît aujourd'hui tels que les traités de Paris, Rome, Maastricht ou encore Lisbonne.

Mais avec des ruptures dont les plus emblématiques restent à notre sens, le rejet du traité constitutionnel de 2005 par la France et les Pays-Bas et le Brexit (ou la sortie du Royaume-Uni de l'Union européenne).

Ainsi ces différentes étapes de la construction européenne ont façonné une identité qui reste marquée par des principes de gouvernance clairs et robustes : la primauté du droit, l'adhésion aux valeurs démocratiques et le refus du recours à la force autrement qu'en dernier recours.[28]

Pour autant, de nombreux analystes reprocheront à cette Europe le manque d'appropriation par les citoyens de ce qui la définit, l'absence de « *démos* », de peuple européen.

Mais ceci n'est pas complétement vrai tant le projet collectif européen est bien réel, celui de la disparition des frontières, de la monnaie commune pour la plupart des pays qui la composent ou encore celui d'une justice à l'échelle de l'UE.

Les compétences de l'Union se sont ainsi progressivement étendues à de nombreux domaines, économiques, politiques et sociétaux.

Les individualités des Etats se sont sublimées et unies au sein d'un ensemble plus vaste doté d'une véritable identité.

---

[28] Heisbourg, François, *Op Cit*, Odile Jacob, Paris, 2020, p 30

Une totalité a bien commencé à opérer, une totalité qui reconnaît bien l'autonomie de chacune de ses parties, peut-être pas assez pour certains.

Cet état de fait est d'ailleurs fréquemment souligné par les adversaires les plus acharnés de l'Europe, ceux qui s'inscrivent dans une perspective souverainiste et qui déplorent l'emprise croissante des décisions prises au niveau européen sur la destinée des nations.

Véritable identité donc, mais en construction.

Ce qui nous donne pour le moment lorsque nous associons principes de gouvernance et extension des domaines de compétences, une forme d'inclinaison sans doute trop prononcée vers les stratégies normatives.

Si celles-ci, à l'instar de ce que nous voyons dans le numérique, permettent d'imposer des normes de comportement, de la réglementation, de la fiscalité ou encore du droit à la concurrence.

Elles ne seront sans doute pas suffisantes pour ancrer l'Europe dans une position d'influence forte et pérenne.

Position d'influence qui serait un formidable accélérateur à sa propre construction communautaire.

Une union dans un ensemble qui reconnaît la différence et la singularité de chacune de ses parties mais qui arrive à construire pour autant une identité commune et à former une totalité cohérente.

Ainsi, c'est ici l'ouverture qui marque la « *Gouvernance entrepreneuriale* ».

Une ouverture inscrite dans les racines et l'ADN démocratique de ce mode de gouvernance.

Une ouverture parfois remise en cause par la tentation autoritariste.

Tentation qui, pour le moment, se heurte à une profonde adhésion à l'Etat de droit et aux valeurs de respect et de dignité humaine.

6. La Gouvernance néo-féodale

Troisième mode de gouvernance, rattachée à la logique de bloc[29] à l'instar de « *la Gouvernance centralisatrice* », «*la Gouvernance néo-féodale* » pousse encore plus loin le modèle du style social ultra intégré où la totalité est plus que première, elle est unique.

L'individualité n'existe plus, elle n'a plus sa place, plus d'existence, plus de droit en tant que telle.

La totalité est un bloc insécable primant sur chacun et reposant sur une hiérarchie des pouvoirs extrêmement concentrée.

Ce type de gouvernance est autocratique à tendance oligarchique la plupart du temps, c'est-à-dire que le pouvoir est exercé par un petit nombre de personnes.

Ce petit nombre détient la puissance effective d'orientation des choix et de la stratégie de l'entreprise.[30]

L'entreprise devient une entité compacte, dirigée de manière directive, bien souvent autoritaire.

La totalité est absolument dépendante de ceux qui en exercent la gestion.

Pour les individus qui la composent, l'hétéronomie est totale.

Ce mode de gouvernance est marqué par l'absence de négociation, le déontique et la logique de l'imposition.

---

[29] Référence au carré sémiotique en page 27
[30] Gomez Pierre-Yves, *Op Cit*, Que sais-je ?, Paris, 2018, p 58

Bien souvent, mais pas de manière automatique, dans ce mode de gouvernance, les droits de propriété des actionnaires ou des associés deviennent centraux.

La verticale du pouvoir est absolue.

En termes de gouvernance d'Etat, nous associerons ce modèle à la Russie.

Pas plus que la Chine ou d'autres modèles de « *Gouvernance centralisatrice* », la Russie ne pratique pas la séparation des pouvoirs et l'indépendance de la justice.

Cette Russie vit sur les ruines de l'ex-URSS et la nostalgie d'avoir été à un moment de l'histoire, une superpuissance.

Cela ne signifie pas que la Russie souhaite revenir au modèle de société de l'ex-URSS.

Au contraire, la Russie moderne ne propose pas de modèle social ou économique si ce n'est son modèle oligarchique et kleptocratique.[31]

Elle ne cherche pas à proposer une axiologie propre, à incarner un système de valeur.

Tout comme son voisin de « deixis » la Chine, elle privilégie une gouvernance basée sur l'autoritarisme, le souverainisme, une vision conservatrice voire rétrograde des mœurs et des droits de l'homme, un rejet très net de l'ordre sécuritaire bâti par l'Europe et un droit absolu de traiter sa population comme elle l'entend.

---

[31] Heisbourg, François, *Op Cit*, Odile Jacob, Paris, 2020, p 141

Pour autant, même si la Russie n'est pas dépourvue d'ambitions, elle ne joue plus dans la cour des surpuissances.

Son PIB est très proche de celui de l'Espagne.

Ses dépenses militaires ont drastiquement baissé depuis le temps de l'ex-URSS, ses marges de manœuvre dans les actions qu'elle peut déployer, sont limitées.

Seul l'arsenal nucléaire reste à la hauteur de celui des Etats-Unis.

Ainsi, la Russie fait avec ses moyens, moyens limités certes mais stratégie d'influence réelle.

Celle-ci passe par plusieurs champs d'actions : soutien financier et politique aux divers partis d'extrême droite européens, intrusions répétées dans l'espace maritime et aérien européen, assassinats politiques aux quatre coins du globe et ingérence électorale notamment aux Etats-Unis.

Logique du bloc indécomposable oblige, « *la Gouvernance néo-féodale* » (tout comme « *la Gouvernance centralisatrice* »), n'obéit à d'autres systèmes de valeurs que ceux qui répondent directement et sans limites morales, à ses propres intérêts.

Ou plutôt et pour être plus précis, aux intérêts d'une entité totale pilotée par un nombre limité d'acteurs.

Autocratie, oligarchie, kleptocratie, nous l'aurons compris la concentration extrême des pouvoirs et la logique de l'imposition ne permettent aucune ouverture pour ce mode de gouvernance.

Autoritarisme, oui. Pluralisme, pas ici.

7. La Gouvernance néo-libérale

Enfin dernier mode de gouvernance appartenant à la famille des gouvernances individuées, « *la Gouvernance néo-libérale* » consacre la primauté de l'individu au sein d'une totalité dont l'unité est malmenée.

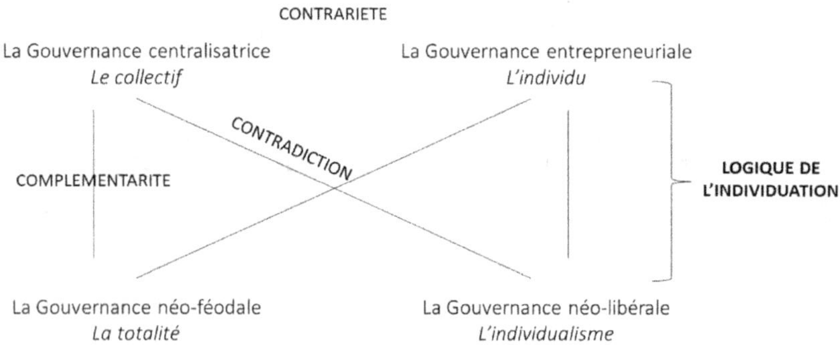

C'est une logique où l'individualité est première, prédominante, centrale.

La disparité est très forte et la cohésion d'ensemble est tancée, en tout cas elle n'est pas une finalité, bien au contraire.

Elle n'est ni exprimée, ni perçue.

L'entité devient une collection d'initiatives individuelles qui peuvent parfois converger entre elles mais non nécessairement.

La stratégie devient avant tout un processus d'influence, l'organisation un système politique composé de groupes aux pouvoirs asymétriques.

La stratégie s'envisage comme un processus de négociation et de compromis entre individus, groupes et coalitions.

Ces divers acteurs ou groupes d'acteurs servent la plupart du temps principalement leurs intérêts, selon leurs propres plans.

Contrôles, coopérations, réseaux, alliances deviennent les manœuvres stratégiques principales.

Ce mode de gouvernance est profondément attaché à la notion d'indépendance, celle qui permet à chaque individu composant la totalité de poursuivre ses propres objectifs, de développer ses propres idées.

L'expression des singularités individuelles est à la base de la vision de la performance.

La poursuite d'idées ambitieuses et novatrices permet de se préserver des normes et des consensus propres à la notion de groupe.

Cette démarche porte en elle la conviction que les groupes de réflexion produisent moins d'idées et des idées moins novatrices que le même nombre d'individus mais travaillant seuls pour se rejoindre en comité restreint dans un second temps autour d'un projet commun !

Comme le déclarait Einstein, qui a longuement réfléchi sur son processus d'idéation et de réflexion :

« Pour moi, l'élément précieux dans le spectacle de l'humanité ne me semble pas être l'Etat, mais l'individu, créatif et sensible, sa personnalité ; lui seul crée le noble et le sublime tandis que la masse reste terne et morne ».[32]

En termes de gouvernance d'Etat, nous associons volontiers ce modèle aux Etats-Unis et à sa promesse de rêve américain permettant à chacun d'accepter de fortes inégalités sociales en échange d'une possibilité de forte mobilité sociale.

Modèle de gouvernance profondément individualiste et assis sur les notions d'état de droit et les valeurs démocratiques, il peut se voir malmené par des biais qu'il a lui-même engendrés.

Le rôle de l'argent et des lobbies en est un premier exemple, renforcé par la levée des restrictions en matière de financement des campagnes électorales.

La radicalisation des « solidarités catégorielles » en est un autre, renforcée également ces dernières années par l'exploitation ultra-ciblée des big data.[33]

La vision purement transactionnelle des relations internationales à la Trump n'a pas infléchi cette tendance.

Son « *Make America Great Again* » n'étant, de manière quelque peu outrancière, que la transposition d'un modèle de gouvernance prônant le *chacun au service de soi* à l'échelle d'un Etat.

---

[32] Schilling Melissa, *Op Cit*, Reboot, New York, 2018, p 50
[33] Heisbourg, François, *Op Cit*, Odile Jacob, Paris, 2020, p 117-118

Car au fond si cette forme de vision du monde où tout est affaire d'opportunités et où les alliances durables et stratégies de long terme ne sont pas la priorité, a été poussée à son paroxysme par Trump, elle reste profondément ancrée dans l'imaginaire de la gouvernance étatsunienne.

Nous pourrions ainsi synthétiser cette approche de la gouvernance en nous appuyant sur cette phrase prononcée par le Président Calvin Coolidge en 1925 :

« The chief business of the American people is business ».[34]

Ainsi, transposée à l'échelle d'une organisation, nous pourrions dire que l'affaire principale de chaque talent d'une entreprise adoptant ce mode de gouvernance est précisément la trajectoire personnelle permise par la création de valeur, création de valeur qui se trouvera absorbée en partie par l'entreprise elle-même.

Ce mode de gouvernance se construit dans l'ouverture, l'innovation, le changement continu.

La singularité doit trouver son mode d'expression.

Le monde est un espace d'opportunités à négocier.

Dans tous les cas, l'autoritarisme est antinomique avec l'identité même de ce mode de gouvernance.

Ce qui se joue ici est affaire d'initiatives et d'influence.

---

[34] Ibid, p 119
« L'affaire principale du peuple américain, ce sont les affaires ».

8. Tendances de société et économie digitale

Dans l'éclairant livre « *L'économie digitale révolutionne le monde* » [35], l'auteur nous explique en quoi la nouvelle économie du digital a projeté le monde dans une période d'innovation sans précédent en accélération permanente.

Période qui a donné naissance à une nouvelle ère économique.

L'ancienne économie traditionnelle s'en est trouvée radicalement bouleversée.

Cette nouvelle économie, celle des entreprises du digital, ces entreprises d'un nouveau genre, est animée par des manières de faire propres et singulières tant elles sont en rupture avec l'ancienne économie.

Celle-ci peut se décrire par une approche de la stratégie et de l'organisation, des pratiques de pénétration de marché, des codes, des habitudes de travail et une philosophie client différents.

Mais ces acteurs du digital, en premier lieu les plus importants, n'ont pas seulement été innovants en termes d'offres, de services, de parcours clients et de business model.

Pour arriver à cela, ils ont favorisé l'innovation managériale en faisant table rase de tous les modèles et habitudes hérités du passé.[36]

---

[35] Monnerie Sylvain, *L'économie digitale révolutionne le monde : innovation et total design*, L'Harmattan, Paris, 2019

[36] Stroobants Marcelle, *Sociologie du travail*, Nathan, Paris, 1993

Ils ont introduit de l'innovation managériale et ont proposé un nouveau modèle de management et de collaboration.

Trois grands principes peuvent résumer leur philosophie managériale et organisationnelle.

Le premier consiste à créer des organisations extrêmement plates en termes de strates hiérarchiques.

L'idée est d'éviter à tout prix de reproduire les modèles top down destructeurs d'initiatives, d'idées et d'énergie selon le point de vue des acteurs du digital.

La culture du silo ne doit pas avoir de prise dans cette nouvelle organisation et la hiérarchie doit se faire moins présente afin de favoriser l'autonomie et la capacité de proposition des individus.

La conception du pouvoir consistant à concevoir des modèles hiérarchiques imposants et à promouvoir la division scientifique du travail a fait son temps.

Deuxième principe, toute l'organisation est structurée en mode projet avec la mise en place de l'approche agile et la multiplication de petites équipes travaillant chacune sur leur projet.

La méthode Scrum s'est imposée dans de nombreuses entreprises du digital. Et de petites unités, les « pizza teams » se voient confier la tâche de résoudre les points nécessaires à l'avancée d'un projet.

Cette agilité à grande échelle s'accompagne d'un principe de coordination et d'échange constant.

Le scrum favorise un haut niveau d'autonomie pour ces petites équipes.

La fréquence de mesure de l'avancement est resserrée.

Elle se situe généralement entre une ou deux semaines, ce qui permet de réorienter les développements ne donnant pas satisfaction, de recadrer régulièrement les projets et de maintenir la dynamique d'ajustement et d'innovation en continu.

Ces pizza team se composent au maximum de 10 à 12 personnes.

En synthèse, la volonté d'agilité et de rapidité des acteurs du digital a présidé à la mise en place d'une organisation se caractérisant par des équipes de petites tailles avec un fort niveau de pluridisciplinarité, une très forte autonomie, une mesure en continu des avancées et des difficultés, une capacité de réactivité et d'ajustement.

Les arbitrages du management s'effectuent ponctuellement en fonction des éléments mesurés, de la bonne avancée des projets et des choix stratégiques effectués.

Enfin dernier principe, l'organisation physique des espaces de travail est pensée afin de favoriser et de fluidifier les échanges et le partage des travaux.

L'utilisation des outils digitaux en réseau et la mise en place d'espaces de partage de documents viennent renforcer cette capacité d'échange.

Ainsi embarquer dans son organisation un peu de ce nouveau monde nécessite d'être en capacité de refondre sa culture et de faire évoluer ses pratiques managériales.

La première étape réside sans doute dans le « delayering », à savoir la diminution du nombre de strates hiérarchiques avec un maximum de 7 à 8 strates du chef de projet au dirigeant, chaque manager intermédiaire prenant en charge un minimum de 10 collaborateurs.

La deuxième étape peut consister à réorganiser ses équipes Front to Back autour des offres proposées, afin de se mettre d'une certaine manière au plus près du client et de ses attentes.

Enfin autre modalité, s'appuyer, comme cela se passe de plus en plus, sur une communauté transverse de digital champions à l'aise avec des organisations plus horizontales et avec l'agilité organisationnelle portée par des approches telles que le Scrum.

La règle des 20 % mise en place chez Google est souvent citée comme une bonne pratique d'accélération de la capacité à aller chercher toujours plus de créativité chez ses collaborateurs.

Son principe est simple mais impliquant.

Elle permet à tous les ingénieurs et développeurs du géant de l'Internet de dédier 20% de leur temps de travail à des recherches personnelles sur des thèmes qui ne sont pas imposés.

L'objectif est de leur permettre de développer leur force d'innovation personnelle qui rejaillira sur l'entreprise tout entière.

Cette démarche s'accompagne d'une grande transparence en permettant à chacun de connaitre l'ensemble des projets en cours.

En synthèse, derrière les innovations technologiques souvent spectaculaires, les entreprises (géants) du digital ont proposé également un nouveau modèle d'organisation et de gouvernance singulier axé sur une forte autonomie individuelle et un contrôle renforcé.

Examinons de plus près ce que cela signifie.

9. Pensée mythique, culture et gouvernance

Dans une interview, désormais célèbre, de Bernard Pivot datant de 1984, Claude Lévi-Strauss donnait sa définition du mythe.[37]

Ainsi expliquait-il, le mythe peut se définir comme une histoire qui cherche à rendre compte à la fois de l'origine des choses, des êtres et du monde, du présent et de l'avenir et qui cherche en même temps à traiter de problèmes qui pourraient nous apparaître, esprits cartésiens et rationalistes, comme hétérogènes, différents les uns par rapport aux autres et à les traiter comme un seul problème qui admettrait une seule réponse.

« Un mythe, c'est par exemple une histoire qui essayera d'expliquer à la fois pourquoi il se trouve que le soleil est à la bonne distance de la terre, alors qu'il pourrait être beaucoup plus loin et ce serait la nuit éternelle, ou beaucoup plus près et le monde entrerait en déflagration ». [38]

Et d'ajouter :

« Pourquoi un homme doit aller chercher son épouse à bonne distance, pas trop loin car ça pourrait être une étrangère, une ennemie et une sorcière, pas trop près car il se rendrait coupable du pêché d'inceste.

---

[37] Archive INA, *Apostrophes : Claude Lévi-Strauss définit les mythes*, Paris, le 4 mai 1984. Après la présentation des livres de Claude LEVI STRAUSS sur les mythes parus aux éditions Plon, l'ethnologue interviewé par Bernard PIVOT dans son bureau à Paris donne la définition des mythes et en donne des exemples. Images d'archive INA Institut National de l'Audiovisuel - https://www.youtube.com/watch?v=GDADrFHYUwI

[38] Ibid

Pourquoi également les saisons et les jours ne se succèdent pas à toute vitesse mais selon un rythme régulier ».[39]

Et de finir :

« Enfin pourquoi il existe une certaine bonne mesure à la fois dans l'ordre cosmologique, dans l'ordre météorologique, dans l'ordre saisonnier et dans l'ordre social ».[40]

Ainsi dans cette pensée, les difficultés ne se divisent pas en autant de parties à analyser pour les résoudre, les problèmes ne sont pas d'ordres différents, ils ne doivent pas être traités chacun dans leur propre perspective.

Au contraire le mythe va tout regrouper pour trouver une réponse unique à des problèmes différents.

Ainsi et selon ce même principe, le mythe développe une capacité de coexistence et de réconciliation possible des contraires.[41]

Et c'est précisément cette capacité mythique qui semble être déployée par les entreprises du nouveau monde, les leaders du digital, au sein d'une gouvernance et d'une orientation managériale à même de réconcilier ou plus précisément de permettre la coexistence de certains

---

[39] Ibid

[40] Ibid

[41] Courtès Joseph, *Lévi-Strauss et les contraintes de la pensée mythique*, Mame, Paris, 1973

principes structurants de deux des logiques que nous avons décomposées précédemment.

Cette coexistence semble associer à la fois « *la Gouvernance néo-libérale* » laissant un vaste champs d'expression aux talents individuels et « *la Gouvernance néo-féodale* » proposant une prise de décision autocratique sans négociation aucune.

Rentrons un peu plus dans le sujet.

Nos entreprises du digital ont su déployer des organisations agiles selon le mode scrum induisant un haut niveau d'autonomie pour de petites équipes souvent appelées « Pizza Team ».

Ces petites unités se sont révélées particulièrement efficaces, fonctionnant avec une fréquence de mesure de l'avancement réduite à la semaine ou à la quinzaine et permettant les réorientations rapides dès lors que les résultats souhaités n'étaient pas au rendez-vous.

Le modèle hiérarchique traditionnel de management s'en est trouvé largement remis en cause, peu compatible avec le fort niveau d'autonomie requis par ce nouveau modèle organisationnel.

Nos entreprises du digital ont par la même révélé un phénomène étonnant.

« En réalité, les organisations les plus performantes répètent avec une constance presque stupéfiante le modèle du « management ambidextre » développé par les chercheurs Tushman et O'Reilly ». [42]

En effet :

« Dès le milieu des années 2000, ceux-ci ont observé que les organisations les plus performantes n'opposent pas le management directif à l'autonomie de leurs équipes, mais mettent en œuvre les deux à la fois ! ».[43]

Ainsi, en synthèse, les organisations les plus performantes, associeraient les principes suivants.

Des équipes de petites tailles, disposant d'un très fort niveau de délégation, déchargées des modèles de management hiérarchique classiques et parfois, même souvent mises en concurrence les unes avec les autres.

Une mesure permanente de l'avancement des projets et de leurs progrès. Une mesure également de l'efficacité des choix opérés, des difficultés et des échecs rencontrés.

Enfin, des arbitrages et une prise de décision rapide, autoritaire sans oppositions, ni résistances en fonction de la vision et de la trajectoire stratégiques de l'entreprise.

---

[42] Michael Tushman, de la Harvard Business School et Charles O'Reilly, de l'université de Stanford, sont les auteurs du livre, *Lead and Disrupt. How to Solve the Innovator's Dilemna*, Stanford University Press, 2016

[43] Babinet Gilles, *Transformation digitale : l'avènement des plateformes*, Le Passeur Editeur, 2016, p 79

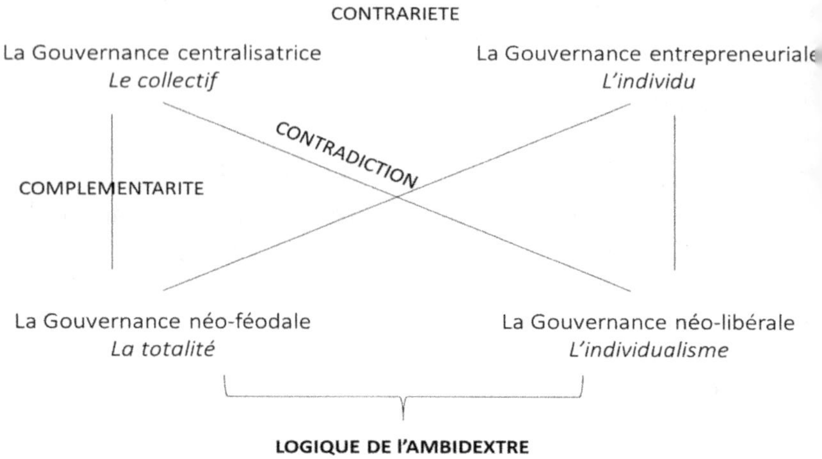

Ainsi ce modèle proposerait une capacité d'addition de deux logiques de gouvernance opposées, marquées par l'autonomie des parties prenantes et l'autorité de la structure.

Il permettrait l'association de deux idéologies.

Sur le plan économique, l'individualité est centrale, l'initiative individuelle priorisée, la singularité de l'idéation favorisées.

La trajectoire et le talent individuels sont au cœur de l'organisation, les opportunités et l'opportunisme valorisés, le tout au service de la création de valeur.

Sur le plan politique, la totalité est première et unique, la concentration des pouvoirs très forte.

La puissance effective des choix stratégiques de l'entreprise tend vers l'autocratie.

La verticale du pouvoir est sans négociation possible.

Et nous pourrions conclure notre exploration de ce nouveau mode de gouvernance empruntant ses modalités de fonctionnement à la *capacité mythique*, par les mots de Tushman et O'Reilly décrivant ce type d'organisations comme :

« des démocraties totales dirigées par des tyrans attentifs ».[44]

---

[44] Ibid, p 80

En guise de conclusion

Nous voilà arrivés au bout de notre court mais étonnant voyage et qu'apprend-on *in fine,* que le mode de gouvernance du futur serait un modèle associant liberté maximale d'expression des talents individuels et verticalité absolue du pouvoir !

Nous sommes loin de l'entreprise libérée, qui pour mémoire prône une forme de gouvernance dans laquelle chaque partie prenante, chaque salarié est libre et responsable des actions qu'il lui semble bon d'entreprendre et où la prise de décision s'appuie sur le pari de l'intelligence collective.

Notre modèle est bien différent.

Si la rupture avec la logique taylorienne est bien là, le processus de décision reste radicalement différent, les principes de contrôle de l'avancée des projets également.

Et si nous osions aller plus loin, ce mode de gouvernance ambidextre ne serait pas sans nous évoquer, même de manière plus lointaine, une situation vécue depuis quelques années maintenant dans l'écosystème français, celle de la présidence Macron !

Expliquons-nous simplement.

La fameuse signature de la gouvernance Macron, celle du « *en même temps* » ne peut-elle pas se résumer à un « *en même temps* » qui ferait le tour de force, de déployer un modèle de gouvernance ambidextre à l'échelle d'un état !

Et cette association caractéristique du modèle ambidextre serait ici l'art de déployer la philosophie de la

Start-up Nation sur le plan économique et une forme d'autoritarisme sur le plan de la décision politique.

Derrière la notion de *Start-up Nation*, se trouve une forte valorisation de l'entrepreneuriat et un message tourné vers l'avenir.

Car soutenir les start-up, c'est valoriser l'initiative individuelle et la pleine expression du déploiement des talents qui composent le pays.

C'est créer au mieux les conditions de l'émergence des entreprises innovantes.

C'est également aider les jeunes entrepreneurs plutôt que les vieux rentiers.

« C'est embrasser le nouveau paradigme, celui du numérique, plutôt que cultiver la nostalgie d'une économie fordiste révolue ».[45]

Et ce volontarisme pour la Tech n'est pas qu'un discours de façade.

Il affiche des ambitions économiques élevées et soutenues par de nombreuses actions comme la multiplication des levées de fonds, la facilitation des accès aux visas pour attirer les talents ou encore la simplification des règles bureaucratiques.

Ainsi il y a dans la gouvernance économique macronienne une réelle volonté de soutenir les talents, les

---

[45] Colin Nicolas, *Qu'est-ce qu'une start-up nation ?,* L'Obs, 11 juillet 2018, https://www.nouvelobs.com/chroniques

fameux « *premiers de cordées* », de faire de la France un pays phare de l'initiative entrepreneuriale du XXIe, de favoriser une forme de capitalisme entrepreneurial plutôt que de soutenir la politique de l'héritier.

La création de valeur reste, principalement, dans la capacité à créer un écosystème favorable au développement de la créativité et de l'innovation porté par le talent individuel plutôt que par la dynamique collective.

Sur le plan de la décision politique, le Président Macron s'est fait lui-même une habitude de théoriser le pouvoir présidentiel et sa fameuse *verticalité du pouvoir*.

« J'assume les choix qui sont faits, et je hais l'exercice consistant à expliquer les leviers d'une décision ».[46]

Il se défend pour autant de toutes formes d'excès.

« Il y a un temps pour la délibération, un temps pour la décision, ils ne peuvent pas se confondre. Cela n'a rien à voir avec l'autoritarisme ».[47]

Pour autant, dans le style d'exercice du pouvoir que le Président Macron déploie, la verticalité est en effet bien

---

[46] Le Scan Politique, *Macron assume « totalement » la « verticalité » du pouvoir présidentiel*, Le Figaro Politique, 27 avril 2018
https://www.lefigaro.fr/politique/le-scan/2018/04/27/25001-20180427ARTFIG00298-macron-assume-totalement-la-verticalite-du-pouvoir-presidentiel.php

[47] Ibid

assumée, selon l'expression adorée des journalistes, la « *présidence jupitérienne* ».

Celle-ci se traduit concrètement par la personnalisation du pouvoir, la concentration de la décision, la personnification de l'autorité.

« L'enjeu, c'est de retrouver la possibilité de construire, en assumant la part parfois univoque, unilatérale de toute décision ».[48]

Et les exemples, souvent douloureux, de cette forme d'unilatéralité de la décision sont nombreux : réforme de l'assurance chômage, des universités, imposition du passe-sanitaire et tout dernièrement la réforme des retraites.

Ce n'est peut-être pas de l'autoritarisme mais parfois, dans certaines de ces actions, cela y ressemble !

Certes nous ne pouvons pas décemment dire que la présidence Macron est d'inspiration néo-féodale.

Et notre président n'est pas un despote même éclairé.

Certes les garde-fous démocratiques nous préservent des abus de pouvoirs trop prononcés et récurrents.

Et la France ne s'offre pas sans réserve à un modèle de liberté économique plus agressif et moins régulé.

---

[48] Macron Emmanuel, « *Paradoxalement ce qui me rend optimiste, c'est que l'histoire en Europe redevient tragique* », Le Monde, 27 avril 2018
https://www.lemonde.fr/idees/article/2018/04/27/emmanuel-macron-paradoxalement-ce-qui-me-rend-optimiste-c-est-que-l-histoire-en-europe-redevient-tragique_5291503_3232.html

Pour autant, n'assiste-t-on pas à une évolution similaire à celle constatée au sein de l'économie digitale ?

Un croisement idéologique nouveau et singulier jusque-là pensé comme fondamentalement antinomique et devenu par le truchement d'un bouleversement économique majeur, résolument moderne.

Ainsi le Président Macron, à l'image des leaders de la Tech, nous transporterait vers cette forme de gouvernance tout en modernité où le monde pourrait nous appartenir individuellement mais nous échapperait de plus en plus collectivement ?

Certains s'en féliciteront, d'autres s'en inquiéteront.

Dans tous les cas, chacun pourra se faire son avis !

Sommaire

Bibliographie

- Babinet Gilles, *Transformation digitale : l'avènement des plateformes*, Le Passeur Editeur, 2016

- Bartoli Annie, *Communication et Organisation : pour une politique générale cohérente*, Paris, Editions d'Organisation, Paris, 1991

- Bertrand Denis, « *Confiance politique et fiducie* », *Métiers de la Sémiotique*, PULIM, Limoges, 1999

- Courtés Joseph, Greimas Algirdas Julien, *Sémiotique, dictionnaire raisonnée de la théorie du langage*, Hachette Supérieur, Paris, 1993

- Courtés Joseph, *Analyse sémiotique du discours*, Paris, Hachette Supérieur, 1991

- Courtès Joseph, *Lévi-Strauss et les contraintes de la pensée mythique*, Mame, Paris, 1973

- Dictionnaire Hachette de la langue française, Hachette 1980

- Floch Jean-Marie, *Sémiotique, marketing et communication : sous les signes, les stratégies*, Paris, PUF, 1990

- Gomez Pierre-Yves, *Référentiel pour une gouvernance raisonnable*, Paris, IFGE, 2015

- Gomez Pierre-Yves, *La Gouvernance d'Entreprise*, Que sais-je ?, Paris, 2018

- Heisbourg François, *Le temps des prédateurs*, Odile Jacod, Paris, 2020

- Jardel Jean-Pierre, Loridon Christian, *Les rites dans l'entreprise, une nouvelle approche du temps*, Editions d'Organisation, Paris, 2000

- Larousse.fr

- Lerobert.com

- Mintzberg Henry, Ahlstrand Bruce, Lampel Joseph, *Safari en pays stratégie: l'exploration des grands courants de la pensée stratégique*, Village Mondial, Paris, 1999

- Monnerie Sylvain, « *Approche sémiotique de la pensée en stratégie d'entreprise* », *Colloque Sémiotique et Stratégie*, Université de Limoges, 2005

- Monnerie Sylvain, *Stratégie, Mettre la pensée stratégique au service du développement de l'entreprise*, Maxima, Paris, 2018

- Monnerie Sylvain, *L'économie digitale révolutionne le monde : innovation et total design*, L'Harmattan, Paris, 2019

- Muchembled Robert (sous la coordination de), *Le XVIIIème siècle 1715-1815*, Bréal Editions, Rosny, 1994

- Pasquier Martial, *Marketing et sémiotique*, Fribourg, Editions Universitaires Fribourg Suisse, 1999

- Schilling Melissa, *Les visionnaires*, Reboot, New York, 2018

- Stroobants Marcelle, *Sociologie du travail*, Nathan, 1993

- Thévenet Maurice, *La culture d'entreprise*, PUG, QSJ ?, Paris, 1993

- Tushman Michael, O'Reilly Charles, *Lead and Disrupt. How to Solve the Innovator's Dilemna*, Stanford University Press, 2016

- Vigezzi Michel, *L'entreprise*, Dominos Flammarion, Paris, 1997

Documents audiovisuels

- Archive INA, Apostrophes : *Claude Lévi-Strauss définit les mythes*, Paris, le 4 mai 1984

Articles de presse

- Colin Nicolas, *Qu'est-ce qu'une start-up nation ?*, L'Obs, 11 juillet 2018, https://www.nouvelobs.com/chroniques
- Le Scan Politique, *Macron assume « totalement » la « verticalité » du pouvoir présidentiel*, Le Figaro Politique, 27 avril 2018, https://www.lefigaro.fr/politique/le-scan/2018/04/27/25001-20180427ARTFIG00298-macron-assume-totalement-la-verticalite-du-pouvoir-presidentiel.php

- Macron Emmanuel, « *Paradoxalement ce qui me rend optimiste, c'est que l'histoire en Europe redevient tragique* », Le Monde, 27 avril 2018, https://www.lemonde.fr/idees/article/2018/04/27/emmanuel-macron-paradoxalement-ce-qui-me-rend-optimiste-c-est-que-l-histoire-en-europe-redevient-tragique_5291503_3232.html

Revue « Marché et Organisations »

Promouvoir la recherche originale sur les relations de plus en plus étroites entre le marché et les organisations. Les acteurs économiques de taille, de puissance et de pouvoir différents dont les intérêts peuvent être convergents, complémentaires ou, le plus souvent, antagoniques, ont tendance à organiser les marchés. La raison du marché, pourtant, est la référence stratégique pour l'entreprise ainsi que pour les institutions publiques de décision économique.

N°6 : Entrepreneuriat et accompagnement. Outils, actions et paradigmes nouveaux, 2008
N°7 : Développement durable des territoires. Economie sociale, environnement et innovations, 2008
N°8 : Développement durable et responsabilité sociale des acteurs, 2009
N°9 : Gouvernance : exercices de pouvoir, 2009
N°10 : Le travail collaboratif. Une innovation générique, 2009
N°11 : Economie sociale et solidaire. Nouvelles trajectoires d'innovations, 2010
N°12 : Relations à la marque et marques de la relation. Regards croisés sur le management relationnel de la marque, 2010
N°13 : Les contrats au service de la recherche ?, 2011
N°14 : Le potentiel économique de l'Afrique subsaharienne, 2011
N°15 : Management de la distribution, 2012
N°16 : Territoire Vert. Entreprises, Institutions, Innovations, 2012
N°17 : Eco-conception, conception et innovation. Les nouveaux défis de l'entreprise, 2013
N°18 : Intelligence économique : entreprises et territoires, 2013
N°19 : La finance globale. Un monde fini, 2013
N°20 : La crise du « développement », 2014
N°21 : La Chine innove. Politiques publiques et stratégies d'entreprise, 2014
N°22 : Go East! Nouvelles Economies de Marché, 2015
N°23 : L'économie du changement, 2015
N°24 : Le temps des artisans. Permanences et mutations, 2015
N°25 : Innovations de proximité et esprit d'entreprise, 2016
N°26 : L'avenir des économies du Maghreb : entre inertie structurelle et envie de rupture, 2016/3 (n° 27)
N°27 : Le sport aux frontières du marché du travail, 2016
N°28 : Dynamiques internationales des entreprises, 2017
N°29 : L'univers du risque, 2017
N°30 : Les petites entreprises dans l'histoire industrielle, 2017
N°31 : Economie sociale et *social business* ? Au défi d'entreprendre et se financer, 2018
N°32 : Éducation et fertilisation des économies africaines, 2018
N°33 : L'entrepreneuriat innovant dans les pays du Maghreb, 2018
N°34 : L'entrepreneuriat scientifique : institutions et innovation, 2019
N°35 : Le champ économique de la culture, 2019
N°36 : Economie sociale et solidaire ? Modèles d'innovation et modes de gouvernance, 2019
N°37 : Rethinking Luxury Business, 2020
N°38 : La santé connectée. Nouvelles technologies et réorganisation des soins, 2020
N°39 : Options stratégiques et systèmes complexes d'innovation, 2020
N°40 : Les services : intégration des systèmes productifs et lien social, 2021
N°41 : Crise pandémique, crise globale. Réalité et controverses théoriques, 2021
N°42 : La crise de la covid-19. Le marché et les organisations en perspective, 2021
N°43 : (Re)faire système. *Bug & reset*, 2022
N°44 : Aléas du marché et management du risque, 2022
N°45 : Le renouveau du transport et de la logistique : les systèmes d'information, 2022
N°46 : Entrepreneuriat et innovation dans l'enseignement supérieur, 2023
N°47 : Le tourisme créatif. Culture, créativité, patrimoine, management, 2023
N°48 : L'Afrique : questions de performances, 2023

https://www.cairn.info/revue-marche-et-organisations.htm

Collection « L'esprit économique »
fondée par Sophie Boutillier et Dimitri Uzunidis en 1996

Dernières parutions

► ***Série Economie et Innovation***
T. MICHAUD, *Le projet spatial européen, entre pragmatisme et imagination*, 2020.
J.-P. SCHMITT, N. RAVIDAT, *Management conjoint de la technologie et de la personne. Pour performer et croitre*, 2020.
Y. EL YAHYAOUI, *Economie des plateformes numériques. Captation de la valeur, pouvoir de marché et communs collaboratifs*, 2021.
G. DUTHIL, *Handicap et insertion professionnelle*, 2022.
T. MICHAUD, *La science-fiction institutionnelle*, 2023.
► ***Série Le Monde en Questions***
I. BEN ABDELKADER, *La microfinance dans la région du Moyen-Orient et de l'Afrique du nord (MENA). Aperçu global et enjeux actuels*, 2022.
C. GALLOUJ, *Grande distribution alimentaire au Maroc. Acteurs et stratégies*, 2022.
J. PIERRE-JUSTIN VIRAPATIRIN, *La petite économie insulaire de la Guadeloupe. Bilan, enjeux et perspectives*, 2022.
K. ESSAF, *Les Sukuk : aspects théoriques, rendement et risques*, 2022.
C. GALLOUJ, S. GALLOUJ, *Grande distribution non alimentaire au Maroc. GSS, grands magasins, malls, franchises et e-commerce*, 2023.
C. SARI, *Valeur relative de la monnaie et taux de change. Vers la fin de l'étalon dollar ?*, 2023.
G. DUTHIL, N. POLINI, *La Défense nationale*, 2023.
► ***Série Krisis***
A. RODRIGUEZ-HERRERA, Travail, valeur et prix. Reprise et clôture d'un débat centenaire (1885-1985) a la lumière des textes marxiens, 2021.
R. DELORME, *La complexité autrement. Une réponse nouvelle à la pandémie et à d'autres phénomènes sociaux complexes*, 2022.
V. YEFIMOV, *L'ordre social monétaire. L'économie discursive défit le courant dominant et l'économie narrative*, 2022.
M. WIELEZYNSKI, *La loi du marché post-esclavagiste. Une approche critique*, 2023.
G. MINART, *Condorcet économiste : un libéralisme économique au service du bien public*, 2023.
► **Série *Clichés***
S. BOUTILLIER, D. UZUNIDIS (dir.), *La Russie européenne. Du passé composé au futur antérieur*, 2008.
R. VOLPI, *La négociation. Pain, paix, liberté*, 2009.
B. S. BONBON, *Géométrie parabolique tridimensionnelle ou perspective parabolique*, 2023.
► ***Série Cours Principaux***
R. SANTENAC, *Le cycle des crises financières. Une étude approfondie des causes, des impacts et de la fréquence*, 2020.
B. LANDAIS, *Macroéconomie efficace. Croissance et crises*, 2020.
A. MBULI LANDU, *Le memo d'un comptable. Approche par le SYSCOHADA révisé*, 2021.
M. EL KARRIM, *Introduction à l'économétrie appliquée*, 2022.
Z. FIRANO, *Fondements de la finance de marché. Théories et applications*, 2022.
Y. KEHO, *Introduction à l'économétrie appliquée sous EVIEWS, Rappels de cours et illustrations pratiques*, 2023.
K. AMZILE, *Intelligence artificielle et modélisation du risque de crédit*, 2023.
► ***Série L'économie formelle***
H. AMAAZOUL, *Responsabilité sociétale des entreprises et performance financière. Étude appliquée aux entreprises marocaines*, 2021.
M. BERTONECHE, *Chroniques économiques de notre temps*, 2021.
E. CARREY, H. LANDIER, *Après la guerre contre la Covid : de l'économie financière a l'entrepreneuriat social*, 2021.
J. LATREILLE, *Sale temps pour l'économie marchande*, 2021.
J. LATREILLE, *Escronomistes ! Ces théories qui abîment le monde*, 2022.
M. FOUQUIN, *Dettes publiques à long terme et souveraineté nationale : enseignements des crises du XIIe au XXIe siècle*, 2023.

Structures éditoriales du groupe L'Harmattan

L'Harmattan Italie
Via degli Artisti, 15
10124 Torino
harmattan.italia@gmail.com

L'Harmattan Hongrie
Kossuth l. u. 14-16.
1053 Budapest
harmattan@harmattan.hu

L'Harmattan Sénégal
10 VDN en face Mermoz
BP 45034 Dakar-Fann
senharmattan@gmail.com

L'Harmattan Cameroun
TSINGA/FECAFOOT
BP 11486 Yaoundé
inkoukam@gmail.com

L'Harmattan Burkina Faso
Achille Somé – tengnule@hotmail.fr

L'Harmattan Guinée
Almamya, rue KA 028 OKB Agency
BP 3470 Conakry
harmattanguinee@yahoo.fr

L'Harmattan RDC
185, avenue Nyangwe
Commune de Lingwala – Kinshasa
matangilamusadila@yahoo.fr

L'Harmattan Congo
219, avenue Nelson Mandela
BP 2874 Brazzaville
harmattan.congo@yahoo.fr

L'Harmattan Mali
ACI 2000 - Immeuble Mgr Jean Marie Cisse
Bureau 10
BP 145 Bamako-Mali
mali@harmattan.fr

L'Harmattan Togo
Djidjole – Lomé
Maison Amela
face EPP BATOME
ddamela@aol.com

L'Harmattan Côte d'Ivoire
Résidence Karl – Cité des Arts
Abidjan-Cocody
03 BP 1588 Abidjan
espace_harmattan.ci@hotmail.fr

Nos librairies en France

Librairie internationale
16, rue des Écoles
75005 Paris
librairie.internationale@harmattan.fr
01 40 46 79 11
www.librairieharmattan.com

Librairie des savoirs
21, rue des Écoles
75005 Paris
librairie.sh@harmattan.fr
01 46 34 13 71
www.librairieharmattansh.com

Librairie Le Lucernaire
53, rue Notre-Dame-des-Champs
75006 Paris
librairie@lucernaire.fr
01 42 22 67 13

www.ingramcontent.com/pod-product-compliance
Lightning Source LLC
LaVergne TN
LVHW051629071026
849535LV00009BA/3511
* 9 7 8 2 3 3 6 4 2 6 3 3 4 *